Mit Bildern beten

GEBET-BILDERBUCH

Mit Bildern beten

GEBET-BILDERBUCH

Mit Illustrationen von Carme Solé Vendrell
und Texten von Marie-Agnès Gaudrat
Deutsche Bearbeitung durch Elmar Gruber

Herder Freiburg · Basel · Wien

Titel der französischen Originalausgabe:
Images pour prier Dieu
Französischer Text und Idee: Marie-Agnès Gaudrat
Édition du Centurion 1990

Satz : Freiburger Graphische Betriebe
Druck und Einband : Pollina S.A., Luçon/Frankreich - n° 13188
ISBN 3-451-22071-7

Vorwort

„Wo ist Gott?", „Warum kann ich ihn nicht sehen?", „Und warum antwortet er mir nicht, wenn ich zu ihm spreche?"
Kinder stellen spontan die richtigen Fragen, die das Gebet aufwirft.
Diese ‚Leere', der man sich beim Gebet aussetzt, dieser unsichtbare Gesprächspartner, an den man sich wendet, haben etwas Fragwürdiges. Um den Kindern zu helfen, wollten wir ihnen konkrete, greifbare Vorstellungen anbieten; Symbole, auf die sie ihre Augen richten können, damit das Beten Sinn bekommt. Es sollen Bilder sein, von denen sie sich tragen lassen, Booten gleich, die auf dem Wasser liegen. Damit die Angst des ersten Schrittes, die Angst vor dem ersten Wort überwunden wird, sind mit Blick auf die Bilder Texte entstanden, die – so einfach wie möglich – zum Beten führen sollen.
Wenn es im ganzen Buch immer wieder um das Thema der Begegnung geht, so geschieht dies, um den Kindern zu helfen, das Wesen des Gebetes selbst begreiflich zu machen: keine Formeln zum Auswendiglernen, keine Rezepte, sondern Impulse. Wenn die Kinder so weit kommen, daß sie an dieser Form der Begegnung Gefallen haben, werden sie ihre eigenen Wege des Gebetes finden. Dies ist das Ziel dieses Buches, den Kindern Freude am Beten zu vermitteln, so wie sie Freude am Spielen haben.

Beten heißt: zu Gott hingehen

Gott spricht zu mir
durch alles, was es in der Welt gibt.

Ich muß zu allem
hinhören,
hinschauen,
hingehen
und hinlangen,
dann kann ich Gott
in allen Dingen erleben
und mit ihm sprechen.

Durch den Wind,
das Wasser und die Erde
spricht Gott mit mir.

Der Wind

Der Wind
bewegt die Bäume
und treibt die Segelschiffe.

Der Wind
streichelt mich und faßt mich an.
Er fährt mir durch die Haare
und läßt meine Kleider flattern.

Gott hat den Wind gemacht,
weil er die Welt liebt
und weil er mich
anlangen und streicheln möchte.

Herr, ich sehe dich nicht,
und doch langst du mich an.

Das Wasser

Der Regen
kommt von oben
und macht, daß alles lebt.
Ohne Wasser
gäbe es kein Leben.

Auch ich muß trinken
und Getränke in mich gießen,
damit ich leben kann.
Gott hat das Wasser gemacht,
weil er will, daß alles lebt.

Herr, wenn ich trinke,
spüre ich, daß du willst, daß ich lebe.

Die Erde

Die Erde verwandelt alles.
Neue Pflanzen kommen aus der Erde,
und die alten sterben.
Sie werden wieder Erde,
aus der neue Pflanzen kommen.

Frühling, Sommer, Herbst und Winter,
alles kommt und geht.

Gott hat die Erde gemacht,
weil er alles verwandelt, damit es ewig lebt.

Herr, jetzt darf ich wachsen und leben
und wenn ich sterbe,
wirst du mich verwandeln.

Beten heißt: Gott begegnen

Wenn wir beisammen sind,
kann es sein,
daß wir die Liebe noch nicht spüren.
Die Liebe muß kommen
wie ein Vogel, der hin- und herfliegt
und uns sagt, daß wir einander mögen.

Gott ist da in jedem Geschöpf.
Ich stehe vor ihm,
und doch spüre ich oft nicht,
daß er da ist.

Die drei nächsten Bilder zeigen,
wie Gott für mich da ist.

Die Tür

Gott kommt
wie durch eine Tür.
Die Tür kann offen sein
und zu.
Wenn die Tür zu ist,
muß ich sie öffnen
oder warten,
bis sie der andere öffnet.

Herr, komm!
Gib mir Kraft, daß ich die Türe öffne
oder daß ich warte, bis du sie öffnest.

Der Augenblick

Gott kommt im Augenblick.

Ein Augenblick
ist ein roter Punkt in meinem Leben,
der wie die Sonne auf- und untergeht
und kommt und wegfliegt wie ein Vogel.
Ich muß auf ihn warten,
und ich muß ihn wieder fliegen lassen,
so wie er es will.

Wenn ich ganz glücklich bin,
ist das ein roter Punkt in meinem Leben,
wo Gott ganz bei mir ist
und ich ganz bei ihm bin.

Herr,
ich freue mich auf den Augenblick,
wenn du wieder kommst.
Laß mich nicht zu lange warten!

Das Kreuz

Gott ist wie ein Kreuz.
Er verbindet alles.
In der Mitte des Kreuzes ist alles,
was auseinander ist, miteinander verbunden:
Oben und Unten, Links und Rechts.
In der Mitte ist der Längsbalken
mit dem Querbalken verschmolzen.

Gott verbindet alles:
Er verbindet uns miteinander
und mit der Welt,
er verbindet uns mit sich selbst.

Herr, wenn ich ein Kreuz sehe
oder ein Kreuz mache,
weiß ich, daß du alles verbindest
und daß du alles ganz machst,
was auseinandergebrochen ist.

Beten heißt: neu werden

Wer Gott begegnet,
wird ein neuer Mensch.

Wenn ich Gott gespürt habe,
weiß ich, daß er mich immer liebt.

Ich bin voll Freude
und kann hingehen
auch zu Menschen,
die traurig sind
und Gott noch nicht kennen.

Die drei nächsten Bilder zeigen,
was Gott mit uns macht.

Das Stehaufmännchen

Das Stehaufmännchen
hat die Kraft, immer wieder aufzustehen.
Es steht von selber immer wieder auf,
auch wenn es noch so oft umgestoßen wird.

Gott gibt mir die Kraft,
daß ich immer wieder froh werde
und verzeihen kann,
wenn mich andere beleidigen
und wenn ich mich ärgern muß.

Herr, wenn du bei mir bist,
kann mich nichts umwerfen,
und ich kann alles aushalten.

Der Kieselstein

Die Seife löst sich auf im Wasser,
der Kieselstein wird glatt und schön.
Das Wasser rollt ihn hin und her
und schleift ihn ab.
So bekommt der Kieselstein
seine ganz eigene Form.

Wenn ich häßlich, wütend, zornig bin
oder faul, bequem und träge,
zeigt sich oft in mir das Böse,
das abgeschliffen werden muß.
Abschleifen tut weh,
auch wenn ich es brauche.

Herr,
ich glaube, daß du mich liebst,
auch wenn du mir manchmal
wehtun mußt.

Das Glas

Das Glas ist durchsichtig.
Das Glas kann etwas fest umschließen
und zugleich sichtbar machen:
Ich kann die Blumenstengel sehen,
wie sie ganz im Wasser stehen.

Gott macht mich durchsichtig wie Glas.
Ich weiß: Gott liebt mich immer;
ich muß nicht mehr lügen
und mich nicht verstecken und verstellen.
Ich kann mich sehen lassen, so wie ich bin.

Herr,
deine Liebe macht mich durchsichtig.
Ich brauche mich nicht zu verstecken
und verstellen
vor dir und vor den Menschen.

Beten heißt:
sich bei Gott treffen

Wir sind nicht die ersten,
die sich mit Gott treffen.
Schon lange vor uns und unseren Eltern
haben Menschen gebetet.
Alle Menschen, die beten,
gehören zusammen.
Wenn ich bete,
bin ich verbunden
mit allen Menschen, die jetzt beten
und die früher gebetet haben
und jetzt schon gestorben sind.

Es folgen drei Bilder,
mit denen früher
die Menschen gebetet haben
und mit denen auch ich beten kann:
Der Hirte, der Weg und das Licht.

Der Hirte

Der Herr ist mein Hirte,
nichts wird mir fehlen.
Er läßt mich ruhen
auf grünen Auen
und führt mich zum Ruheplatz am Wasser.

Psalm 23

Der Herr
ist mein Hirte.

Der Weg

Herr, ich vertraue auf dich,
du verläßt mich nicht.
Zeige mir den Weg,
zeige mir, wohin ich gehen soll.
Führe mich in deiner Treue,
denn du bist der Gott, der mich rettet.

Psalm 25

Herr,
zeige mir deine Wege!

Das Licht

Der Herr ist mein Licht,
er rettet mich.
Vor wem sollte ich mich fürchten?
Der Herr ist die Kraft meines Lebens,
vor wem sollte ich Angst haben?

Psalm 27

Der Herr ist mein Licht.

Beten heißt: sich mit Gott treffen

Der wichtigste Weg zu Gott
ist Jesus Christus.
In Jesus ist Gott Mensch geworden.
Jesus will allen Menschen Gott zeigen
und alle zu Gott führen.

Es folgen drei Bilder,
die uns Jesus gegeben hat,
damit wir uns Gott vorstellen
und ihm begegnen können.

Der Vater

Herr Jesus,
als dich die Menschen gefragt haben,
wie man beten soll,
hast du gesagt:
„So sollt ihr beten:
Vater unser."

Lukas 11,2 u. 4

Vater unser im Himmel,
geheiligt werde dein Name.

Die Sonne

Herr Jesus,
du hast gesagt:
Seid wie euer Vater im Himmel,
der seine Sonne aufgehen läßt
über Böse und Gute
und der regnen läßt
über Gerechte und Ungerechte!

Matthäus 5,45

O Gott,
gib mir diese große Liebe!

Das Kind

Den Menschen
die wissen wollten,
wie man ein Freund Gottes wird,
hast du gesagt, Herr Jesus:
„Wenn ihr nicht werdet wie die Kinder,
könnt ihr nicht
in das Himmelreich kommen."

Matthäus 18,3

Herr, schau auf mich.
Ich bin ein neugieriges Kind,
und ich möchte gerne leben.

Inhalt

Kapitel 1: Es muß die Kinder verwirren, wenn sie sich an einen Gott wenden sollen, den man nicht sehen und erfahren kann. Am Beispiel von drei Elementen, Wind (S. 8), Wasser (S. 10) und Erde (S. 12) soll die Gegenwart Gottes in der Schöpfung deutlich werden.

Kapitel 2: Kinder und auch wir Erwachsene tun uns schwer mit dem Beten, weil wir uns das Kommen Gottes schwer vorstellen können. Langes Meditieren ist nicht Sache von Kindern. Durch die Symbole Tür (S. 16), den Augenblick des Glücks (S. 18) und das Kreuz (S. 20) soll das Kind erahnen, wie Gott kommt und da ist.

Kapitel 3: Das Bittgebet ist die Urform des Gebetes. Die Kinder sollen loskommen von einem magischen Gottesbild. Gott ist kein Supermarkt, in dem ich alles haben kann. Durch drei Bilder soll deutlich werden, was Gott an mir tut, wenn ich ihn bitte: Stehaufmännchen (S. 24), Kieselstein (S. 26), Glas (S. 28).

Kapitel 4: Beten heißt in Kommunikation treten mit allen Betern. Wenn ich bete, bin ich verbunden auch mit allen Betern, die vor mir gebetet haben. Drei Beispiele aus den Psalmen sollen deutlich machen, wie wir heute mit den Alten beten können: Der Hirte (S. 32), der Weg (S. 34) und das Licht (S. 36).

Kapitel 5: Jesus zeigt uns Gott und führt uns zu ihm. Er ist *der* Weg. Als Beispiel wieder drei Bilder, mit denen Jesus uns Gott zeigt, damit wir zu ihm beten können: Der Vater (S. 40), die Sonne (S. 42), das Kind (S. 44).

Zum Gebrauch des Buches

Sie können dem Leitfaden des Buches folgen und die Bilder mit den Kindern betrachten. Wie es sich ergibt, können Sie länger oder kürzer bei den Bildern und Texten verweilen.

Sie können auch beginnen mit der Betrachtung und Besprechung eines Bildes aus Kapitel 2.

Sie können ferner das Buch auch gebrauchen durch die Wahl eines Bildes, das zur augenblicklichen Lebenssituation des Kindes paßt.
Wenn es z. B. gespielt hat mit Wasser, oder nach einem Ausflug, oder nach dem Baden, kann das Symbol des Wassers sehr aussagekräftig sein. Wenn das Kind etwas eingepflanzt hat oder wenn ein toter Vogel begraben wurde, paßt das Symbol von der Erde. Wenn das Kind erschöpft und deprimiert von der Schule kommt, kann das Stehaufmännchen behilflich sein.

Allmählich wird das Kind lernen, die Bilder selbst zu finden, die seiner augenblicklichen Situation und Stimmung entsprechen.

Wenn das Kind noch nicht lesen kann, können Sie ihm die Texte vorlesen oder mit eigenen Worten die Bilder zum Sprechen bringen. Es ist auch gut, wenn die Kinder schweigen, oder wenn ihnen zu den Bildern selber etwas einfällt. Es ist kein Zufall, daß das Buch beginnt mit dem „Wind", denn „der Wind weht, wo er will", und endet mit dem „Kind". Wer soll den Heiligen Geist haben – zum freien Gebet – wenn nicht die Kinder!

Diesem Anliegen will das Büchlein letztlich dienen.

Gebet-Bilderbücher – Poetische und phantasievolle Anleitungen zum persönlichen Gebet

48 Seiten,
durchgehend farbig illustriert,
gebunden.
ISBN 3-451-22072-5

Mit ansprechenden Bildern und Texten bringt dieses „Gebet-Bilderbuch“ Kinder ab 4 Jahren von Kopf bis Fuß mit Gott in Berührung. Die Kleinen lernen ihren eigenen Körper als den Ort kennen, in dem sich Himmel und Erde berühren. Augen, die staunen; Hände, die streicheln, gestalten, schenken und klatschen; Arme, die stützen und schützen; Beine, die tanzen, und Füße, die tragen – all das redet in einer spürbaren Sprache von Gott und bewegt dazu, mit ihm in Kontakt zu kommen: eine Einladung zum Beten mit Leib und Seele. Ein Kindergebetbuch, das „Hand und Fuß“ hat.

Die Reihe wird fortgesetzt u. a. zu folgenden Themen:

- Weihnachten (ISBN 3-451-22073-3)
- Ostern (ISBN 3-451-22076-8)
- In Freude und Leid (ISBN 3-451-22074-1)
- Am Morgen und Abend (ISBN 3-451-22075-X)

Verlag Herder Freiburg · Basel · Wien